Ludwig Aquarius

Der Traum und seine Folgen

Das Diesseits und das Jenseits sind eine Einheit!

novum 🔺 premium

Dieses Buch ist auch als
e-book
erhältlich.

www.novumverlag.com

Bibliografische Information
der Deutschen Nationalbibliothek:

Die Deutsche Nationalbibliothek
verzeichnet diese Publikation in
der Deutschen Nationalbibliografie.
Detaillierte bibliografische Daten
sind im Internet über
http://www.d-nb.de abrufbar.

© 2020 novum Verlag

ISBN 978-3-903861-20-6
Lektorat: Mag. Eva Reisinger
Umschlag- und Innenabbildungen:
Ludwig Aquarius
Umschlaggestaltung, Layout & Satz:
novum Verlag

Gedruckt in der Europäischen Union
auf umweltfreundlichem, chlor- und
säurefrei gebleichtem Papier.

www.novumverlag.com

Inhalt

Vorwort

Ich bin kein Theologe. Ich bin kein Missionar. Ich berichte nur von persönlichen Erfahrungen, die als einfache Erzählung aufgefasst werden mögen. Dass ich mir in diesem Spannungsfeld zwischen Religion und meinen Erlebnissen kritische Gedanken mache, sei mir unbenommen.

Wir leben, Gott sei Dank, in einer Zeit, in der die **Glaubens- und Gewissensfreiheit** alle schützt, die es wagen, das stark eingegrenzte Feld der Religionen zu verlassen. So darf ich frei von meinen Erlebnissen berichten, die mich auf natürliche Weise zu meinem

Wundervollen Glauben

führten.   Ludwig Aquarius

Grund- und Freiheitsrechte

Es hat lange gedauert, um den Menschen die Grundlagen für ein vernünftiges Leben im Diesseits zu geben. Sie kommen nicht von Gott, sondern von den Menschen für die Menschen! Das Grauen des 2. Weltkrieges lieferte die Voraussetzungen dazu. Heute wäre es sicher schwieriger, diese Einmütigkeit der Staaten zu erreichen. Es war ein viel zu langer Prozess des Lernens. Die Religionen konnten diese Freiheit nicht unterstützen, da sie das Gegenteil vertraten. „In Gedanken, Worten und Werken" umfasst den ganzen Menschen mit Leib und Seele! Eine totalere Diktatur ist nicht denkbar! Natürlich sind die **Grund- und Freiheitsrechte** auch heute nicht in alle Gehirne eingedrungen, daher soll eine kleine, sehr wichtige Auswahl hier angezeigt werden:

> Recht auf freie Meinungsäußerung
> Glaubens- und Gewissensfreiheit
> Gleichheit vor dem Gesetz
> Freiheit der Wissenschaften
> Schutz der persönlichen Freiheit
> Schutz des Rechtes auf Leben
> Verbot der Folter und Sklaverei

Eigenartig, dass diese im Rahmen der UNO beschlossenen Rechte von den Mitgliedern täglich gebrochen werden. Diese Rechte sind die eherne Grundlage für ein modernes Leben in **Verantwortung**"

**Diese Verantwortung ist der Grundpfeiler
meines Glaubens!**

Eine unglaubliche Erfahrung

Nun einige Gedanken, die meine Erfahrungen verdeutlichen können. San Francisco ist in Glaubensfragen ein unglaubliches Zentrum, da praktisch alle bekannten und weniger bekannten Religionen dort vertreten sind. Sie alle aufzuzählen wäre eine mühsame Unternehmung.

Ich hörte von einer Kirche, in der Medien (Seher) auftreten, die den Mitgliedern dieser Kirche Nachrichten ihrer verblichenen Angehörigen übermittelten. Es war eine Kirche mit einer Seitenkapelle, in der Schmerzen durch Handauflegung erleichtert wurden. Es wurden auch religiöse Lieder gesungen. Der wichtigste Programmpunkt, auf den alle mit Sehnsucht warteten, waren die **„Nachrichten aus dem Jenseits!"** Es waren immer vier Medien anwesend, die immer wechselten. Meine Aufmerksamkeit war natürlich sehr gespannt. Da erhielt z. B. eine Frau, die vor kurzer Zeit ihren Mann begraben hatte und sehnsüchtig auf ein Zeichen von ihm wartete, eine wichtige Nachricht: „Leider habe ich kein Testament gemacht und du weißt jetzt nicht, wie du mit dem Erbe verfahren sollst. Ich gebe dir jetzt mein Testament bekannt." Die Frau weinte überglücklich und dankte ihrem Gatten sehr herzlich. Ich bezweifelte natürlich diese Nachricht. Es könnte ja sein, dass dieses Medium die Situation der Familie genau kannte. Ich konnte den Wahrheitsgehalt nicht überprüfen, wenn ich nicht selbst auch eine Nachricht bekäme. Ich erhielt aber nie eine Nachricht, obwohl links und rechts von mir die Nachrichten große Freude auslösten. Am Ende einer Veranstaltung bat ich eine Frau, die gerade als Medium gearbeitet hatte, mir zu sagen, warum ich nie eine Nachricht erhielt. Sie schaute mich an und fragte: „Sind Sie ein Katholik?" Als ich die Frage bejahte, sagte sie: „Wissen Sie, Katholiken sind wie Steine!" „Das heißt, dass ich keine Nachricht erwarten kann?" Sie sagte: „Gehen Sie barfuß am Strand, wo das Wasser den Kies gerade bespült. Ihnen fehlt die statische Elektrizität!" Genau das tat ich nun! Immer, wenn ich Zeit hatte, war ich am Strand. Neugierig ging ich in die Kirche. Die erste Nachricht des Abends erhielt ich! „Ihr Großvater ist hier. Er grüßt Sie und sagt, dass er immer sehr gerne Kirchenlieder gesungen habe." Ich hatte keine Ahnung, welcher meiner Großväter sich auf diese Weise zu erkennen gab. Beide waren sehr religiös. Der eine war Lehrer und spielte bei der Messe mit der Geige und der andere war Landwirt, der bei der ersten Pilgerfahrt der Männer im Jahr 1900 von Linz nach Jerusalem dabei war. Ich musste also Erkundigungen einholen. Da meine Mutter keine Ahnung von diesem seltsamen Hobby ihres Vaters hatte, fragte sie ihre Schwester, die bis zu seinem Ende bei ihm lebte. Die lachte und bestätigte, dass er es liebte, Kirchenlieder auch zu Hause zu singen. BINGO! Ich hatte einen Treffer gelandet und wusste nun, dass mich der Geigenspieler gegrüßt hatte. Nur meine Tante wusste davon. Eine Nachricht machte mir große Sorgen. Ein Onkel, es konnte nur Onkel Rudolf sein, sagte, dass meine Mutter ihre Krankheiten mit Aspirin heile. Die gegenwärtige Krankheit kann mit diesem Medikament aber nicht geheilt werden. Ich eruierte sofort und erhielt die erlösende Nachricht, dass sie an extrem hohen Blutdruck leide. Sie sei bereits in ärztlicher Behandlung. Man wollte mir keine unnötigen Sorgen machen. Sie wussten ja nicht, dass mich eine besorgte Seele aus dem Jenseits benachrichtigt hatte! Es gab nun einige Nachrichten, bis die wundervollste kam: „Ihr Vater ist da!" Noch heute spüre ich die Freude meiner Seele! „Er sagt, dass sie in großer Sorge um einen Arbeitsplatz sind. Sie brauchen sich keine Sorgen zu machen, da binnen vierzehn Tagen das Problem gelöst sein wird." Ich war total weg! Mein über alles geliebter Vater war immer noch um mich besorgt!

Ich ließ mich testen, da ich meinen Beruf nicht anwenden konnte. Der Test ergab kein gutes Resultat. Ich wurde als Perfektionist eingestuft. Ein Kärntner, der in Österreich den Beruf eines Autolackierers erlernt hatte, wurde angestellt und nach einer Woche wieder entlassen. Er konnte das nicht verstehen, da seine Arbeit sich in der Güte wesentlich von der seiner Kollegen unterschied. Er brachte seine Füße einfach nicht auf den Boden. Als er eines

Tages einen ehemaligen Mitarbeiter traf, klagte er ihm sein Missgeschick. Der lachte und sagte: „Während du 2 PKWs lackierst, mache ich 3! Mensch Gottes, die Kasse beim Chef muss klingen!" Sein nächster Posten wurde zum Dauerarbeitsplatz! Ich war also auch perfekt und hatte damit ganz schlechte Aussichten.

Der Zufall! Eine private Rettungsfirma zeigte Interesse an mir und nahm mich mit folgenden Worten auf: „Sie beginnen morgen um 8 Uhr ohne Bart und mit dem Führerschein für Rettungsfahrzeuge." Mein Gott, ich hatte einen Posten, wo man perfekte Leute benötigte.

Das Amt für Führerscheine ist den ganzen Tag offen, weil die Amerikaner alle drei Jahre zu einer Prüfung gehen müssen, deren Termin sie selbst bestimmen können. Ich holte mir sofort die Unterlagen, setze mich in meinen PKW und ‚streberte' für die Prüfung. Ich ging zur Prüfung und bestand sie. Am Abend rasierte ich meinen Bart, was nasse Augen meiner Liebsten verursachte. Sie kannte mich ja nur mit Bart. Am nächsten Tag trat ich pünktlich um 8 Uhr meinen Dienst an. Es waren noch keine vierzehn Tage vergangen. Mein Vater gab mir die nötige Unterstützung und das Selbstvertrauen. Gibt es noch Einwendungen und Zweifel? Als ich nach drei Jahren meine Heimreise antrat, bekam ich wohl das seltenste Arbeitszeugnis, das man bekommen kann. Es wurde mir darin versprochen, mich jederzeit wieder aufzunehmen, sollte ich diesen Wunsch äußern.

Mein wunderschöner Glaube!

Ich lebte in Übersee und träumte von meinem nicht existenten Haus, das voll mit meinen nicht existenten gemalten Bildern war.

Ich hatte also weder das Haus, noch die Fähigkeit, diese Bilder zu malen. Ich war jedoch völlig davon überzeugt, dass dieses Haus und die Bilder wahr sind.

Als ich erwachte, beschloss ich die Heimreise anzutreten, um diesen Traum zu verwirklichen. Ich war jedoch finanziell nicht in der Lage, meinen Traum umzusetzen. Ich hatte auch keine Ahnung, wie ich diese eigenartigen Bilder malen sollte. Die Bauzeit dauerte zwanzig Jahre. Nach der Fertigstellung des Kellers zog ich mit meiner Frau ein, um die Wohnungsmiete zu vermeiden. Diese Kellerwohnung wird auch heute noch sehr gerne aufgesucht. In dieser langen Zeit experimentierte ich, um den geeigneten Malgrund zu finden. Ich fand ihn schließlich. Nun musste ich mich mit der geeigneten Maltechnik auseinandersetzen. Von den Themen, die ich malen sollte, hatte ich keine Ahnung. Ich war bei der Umsetzung meines Traumes schon so weit gekommen, um auch die letzte Hürde zu überspringen.

Ich grundierte ein Bild mit weißer Farbe und stellte es vor mich hin. Ich studierte die Fläche eine lange Zeit. Da sah ich plötzlich ganz feine Linien. Ich malte sie aus und suchte weiter. So entstand mein erstes Bild. Diese Methode war der Schlüssel zu meinen Bildern, die alle einen Sinn ergaben. Es war mir klar geworden, dass der Themengeber im Jenseits mich im Diesseits unterstützte! **Jenseits und Diesseits verschmolzen zu einer Einheit! Ich hatte meinen wunderschönen Glauben gefunden!**

Die beseelte Welt: Menschen, Tiere und Pflanzen gehören zusammen! Das Leben, der göttliche Hauch umfasst alle Lebensformen des Universums im Diesseits und im Jenseits. Das Leben kann nicht zerstört werden. Geburt und Tod sind nur Übertritte! Die oft gestellte Frage „Wie konnte Gott das zulassen?" ist nur für uns von Bedeutung. Für Gott gehen wir ja nicht verloren! Dieses wunderbare Eingebettetsein in den göttlichen Hauch des für immer währenden Lebens ist die herrlichste Erkenntnis, die aus meinen Bildern spricht. Es gibt keine Strafen! **Es gibt nur das Lernen!** Es ist dem Menschen vorbehalten, die höchste Stufe des **Menschseins** zu erreichen und das Tier in ihm zu besiegen. Es gibt keine Angst. Es gibt keine Strafe! Verlasse die Süchte und mache dich frei! Lass die Seele fliegen und steige und steige über das – Tier in dir – hinauf in das höchste Glück, ein Mensch zu sein! Das ist die Erkenntnis, die mir mein jenseitiger Lehrer durch meine Bilder geschenkt hat. Ich bleibe mit ihm in Dankbarkeit verbunden.

Der Blick ins Jenseits

Ich wünschte einen Blick ins Jenseits zu tun. Ich grundierte die Malfläche weiß und malte einen Vorhang, der von der Mitte her geöffnet war, um durchblicken zu können. Ich konzentrierte mich nun auf die Mitte der Malfläche. Ich wollte unbedingt in das Jenseits schauen! Es war aber nur die weiße Fläche zu sehen. Ich gab aber nicht auf. Da sah ich plötzlich ganz zarte Linien und ich malte sie aus. Es war eine eigenartige Figur, die aus mehreren Tierkörpern zu bestehen schien. Ein unterbrochenes helles Band schloss sich an. Ich hatte einen Beginn und hoffte, mehr zu erfahren. Da erschienen Gesichter und ich malte und malte voll Begeisterung. Abschließend kam auch noch ein fliegender Vogel. Ich stellte das Bild auf, um den Sinn zu erkunden.

Erklärung: Die prominente Figur in der Mitte stellt die **Tierwelt** dar. Das unterbrochene Band verkörpert die **Pflanzenwelt**, die eine Hürde bildet. Die oberen drei Gesichter haben die Hürde überwunden. Ihr Gesichtsausdruck mit den geschlossenen Augen zeigt Gelassenheit und strömt innere Ruhe aus. Das Ziel ist erreicht! Die unteren Gesichter drücken große Enttäuschung aus. Sie sind in der Wirklichkeit angekommen. Sie haben sich im Diesseits nicht von der Tierwelt lösen und zum wahren „Menschsein" entwickeln können. Die Befriedigung der Grundbedürfnisse allein ergibt noch keinen Menschen. Das macht die Tierwelt auch. Nur wir Menschen sind ausgesucht und befähigt, die höchsten Weihen zu erreichen, darüber wacht nicht nur die Tierwelt, sondern auch der göttliche Atem in Form einer weißen Taube!

Die Selbsterkenntnis weiß sofort, welche Mängel sich im Diesseits angesammelt haben, die abgearbeitet werden müssen, um auch in die Seligkeit eingehen zu dürfen. Sie geben sich selbst das Lernprogramm! Wo sie diese Aufgabe abarbeiten müssen, darüber sagt das Bild nichts aus. Es gibt keine Strafen. Hölle und Fegefeuer sind nur Machtmittel der religiösen Diktatur, um den Menschen auch das Diesseits zu vergällen. Es gibt nur ein Gebot: Die Verantwortung über alles Tun!

TOD?
Symbole des Lebens!

Der unausweichliche Tod scheint den armen Sünder schwer zu belasten. Vor sich die Opferschale und im Hintergrund die gängige Symbolfigur. Natürlich weiß der Sterbende nicht, dass er sein Leben gar nicht verlieren kann. Die Angst, die deutlich erkennbar ist, handelt von Hölle und Fegefeuer. An das Paradies wagt er gar nicht zu denken, da ihm das von den Priestern seiner Religion ein Leben lang eingebläut wurde: „Der Weg in die Hölle ist mit guten Vorsätzen gepflastert!" Er ist eben mit seinen guten Vorsätzen immer wieder gescheitert. Er hat sich ja bemüht und doch hat er sein gestecktes Ziel nicht erreicht.

Ich habe ein sehr interessantes Lexikon, das sehr schön die bei der Malerei entstandenen Symbole aus aller Welt erklären kann.

Symbole: Der auf seiner rechten Schulter sitzende **Pfau** ist ein Symbol des Lebens.

Die prominent dargestellte **Schlange** hat durch ihre Häutungen den Ruf der ewigen Jugend.

Jesus reißt – erlöst von den schrecklichen Qualen – die Arme befreit in die Höhe!

Im unteren Bereich sieht man einen **Samen** aus der Pflanzenwelt, der das neue keimende Leben darstellt.

Fazit: Mensch, Tier- und Pflanzenwelt sind eindeutig vertreten. Die Angst des Menschen ist völlig unbegründet, weil er völlig schmerzfrei übertritt, um sich selbst zu begegnen. Entweder schafft er durch seine verantwortungsvolle Menschlichkeit, die auf ihn wartende Hürde zu meistern oder er beginnt seine künftigen Aufgaben abzuarbeiten. Diesseits und Jenseits sind eben die beiden Seiten der göttlichen Medaille!

Ich ersuche alle Christen, die das Glaubensbekenntnis mit Überzeugung beten, diesen Beitrag nicht zu lesen. Ich bin kein Theologe oder Missionar. Das Grundrecht der freien Meinungsäußerung erlaubt mir, diesen Beitrag zu schreiben!

Der Nukleus

Zuerst konnte ich die Rolle Jesu im Bild nicht verstehen. Jesus reißt, befreit von den Qualen, die Arme in die Höhe! Der Tod war so nahe, dass er die Opferschale sogar beschädigt hat.

Da ich nicht von Adam und Eva abstamme, sondern von den Affen, darf ich auch die christliche Heilsgeschichte, mit der ich erzogen wurde, mit anderen Augen sehen! Ich beschäftige mich natürlich nur mit meinem Bild und habe keine Beweise, ob meine Überlegungen richtig sind.

Er hat die Opferschale beschädigt, aber nicht angenommen. Er könnte das irdische Leben noch nicht verloren haben!

Da las ich im Buch mit dem Titel **Nein und Amen** von Frau Uta Ranke-Heinemann, Professorin für katholische Theologie, folgenden Bericht: „Es wird von einem gewissen Josef von Arimathäa berichtet, dass dieser den Leichnam Jesu vom Kreuz nahm. Mit Hilfe von Nikodemus, der eine Mischung von hundert Pfund Myrrhe und Aloe mitgebracht hatte (Joh. 19,39), also eine enorme Menge von ca. 33 Kilogramm (1 Pfund = 1 römische Libra = 327,45 g), wickelte er Jesus samt diesen Spezereien in Leinen und legte ihn in ein neues Grab in einem Garten an der Hinrichtungsstätte, und zwar wegen des Rüsttags der Juden und weil das Grab in der Nähe war (Joh. 29,42)."

Jetzt verstand ich plötzlich mein Bild. Sie legten den toten Jesus in diese **Heilkräuter: Myrrhe:** Desinfizierend, zusammenziehend, fördert die Narbenbildung, blutstillend.

Aloe: Pharmazeutische Droge, entzündungshemmend!

Die Leidensgeschichte Jesu kann man daher total anders sehen. Ich bleib einfach am Boden und streiche die **Wunder** aus dem schrecklichen Geschehen. Um Jesus vor dem ungerechten Tod zu retten, kam es zu einer streng geheimen Abmachung:

Pilatus („Ich sehe kein Fehl an ihm!")

Josef von Arimathäa (Pharisäer und hoher Richter)

Nikodemus (Pharisäer und hoher Richter, der die Heilkräuter besorgt hat)

Die Abmachung: Die Kreuzigung muss sehr spät am **Freitag** stattfinden, um für Jesus die Zeit am Kreuz zu verkürzen. Der Sabbat beginnt ja schon am Abend des Freitags. Zu dieser Zeit darf kein Verurteilter mehr am Kreuz hängen. Die beiden Verurteilten neben Jesus wurden lebend abgenommen und durch das Brechen ihrer Knochen getötet. Der Tod Jesu wurde durch den Lanzenstich auf seiner **rechten** Brustseite überprüft und dem Pilatus gemeldet. Natürlich konnte die Lanze des Soldaten nur eine ungefährliche Fleischwunde verursachen, da sich Jesus zu hoch am Kreuz befand. Ein lebenswichtiges Organ konnte damit nicht verletzt werden. Er wurde für tot erklärt. Seine Knochen wurden daher nicht gebrochen. **Die Abmachung wäre sonst gescheitert!** Der in tiefer Bewusstlosigkeit befindliche Jesus wurde vorsichtig abgenommen und in ein Tuch gewickelt (Leichentuch in Turin). Im vorbereiteten Höhlengrab wurde er in die Heilkräuter eingepackt und in der Nacht zur weiteren ärztlichen Behandlung verfrachtet. Pilatus hatte mit seinen Soldaten dafür gesorgt, dass keine Zeugen bei der Abnahme vorhanden waren. Das Grab war daher am Morgen leer! Nach drei Tagen, es waren ja nur äußere Verletzungen, war er wieder so weit hergestellt, dass er sich seinen Jüngern zeigen konnte. Sie erlebten ihn nun als großes Wunder, da sie und selbst Jesus keine Ahnung von der Abmachung hatten! Das Wunder der Auferstehung hatte sich bewahrheitet! Natürlich wurde Jesus in diesen drei Tagen über seine Errettung und die dadurch entstandenen Konsequenzen aufgeklärt. Er musste seine Retter um jeden Preis schützen und das Land verlassen. Alle Auftritte mussten als Wunder empfunden werden. Das war für ihn nicht schwierig, da ihm so manches Wunder ja nachgesagt wurde. Der Husaren-streich hatte perfekt geklappt!!

Jesus verließ seine Jünger und machte sich auf den Weg nach Kaschmir. Auf diesem Weg traf er zufällig **Saulus,** der auf dem Weg nach Damaskus war, um dort die Christen zu verfolgen. Jesus stellte ihm die berühmte Frage: „Saulus, warum verfolgst du mich?" Man kann sich den Schrecken dieses Mannes nicht vorstellen. Der gekreuzigte Rebell stand **leibhaftig** vor ihm! Dieses Wunder machte ihn zum Paulus! Der Fanatismus dieses Mannes war der **Nukleus**, für das Christentum, das er in die Welt hinausgetragen hat. Wäre dieser Mann nicht gewesen, würden wir von dem Wanderprediger Jesus nie etwas erfahren haben. Auch die schrecklichen Taten, die in seinem Namen im Laufe der Geschichte geschehen sind, hätten nie stattgefunden!

Gott sei Dank, stamme ich vom Affen ab!

Bücher: „Jesus lebte und starb in Kaschmir" von Andreas Faber-Kaiser
„Starb Jesus in Kaschmir?" von Siegfried Obermeier

N.B.: Jesus hatte nie die Absicht, eine Weltreligion zu gründen. Er verbot sogar seinen Jüngern, zu den Heiden zu gehen! Sie sollten sich **nur** um die verlorenen Schafe des Hauses Israels kümmern (Matth. 9.36–10.8)! Paulus war ja kein Jünger und fühlte sich scheinbar an dieses Verbot Jesu nicht gebunden! Eigentlich ist es aus heutiger Sicht völlig unerheblich, ob meine Sicht der Geschehnisse richtig oder falsch ist! Es war die Wissenschaft, die dem Christentum den Boden unter den Füßen wegzog! Es gab keine Erschaffung der Welt in sieben Tagen! Der Autor hatte zum Beispiel keine Ahnung von den Dinosauriern, die viele Millionen Jahre schon vorher die Welt bevölkerten. Aber das ist doch nur eine Metapher. In den US im Bible-Belt stehen in der Bibel nur Fakten. Die Evolution darf gar nicht unterrichtet werden. Warum glaubt man an alte Bücher, die den Erkenntnissen der heutigen Zeit in keiner Weise mehr entsprechen? Das Christentum klammert sich natürlich an diese Welt, die es über Jahrtausende geformt hat. Heute sind aber viele kirchliche Bräuche zu Veranstaltungen des Fremdenverkehrs geworden. Es glaubt doch heute niemand mehr, dass die Seefeste am Fronleichnamstag von Hallstatt und Traunkirchen ein religiöses Erlebnis sind, um den Glauben der Leute zu stärken. Sie sind ein Spektakel, das man erlebt haben muss. Das gilt natürlich auch für alle weltlichen Veranstaltungen. Die Wirtschaft kann darauf nicht mehr verzichten. Wer glaubt, dass Religionen nicht untergehen können, der fahre nach Ägypten und bewundere die gewaltigen Zeugen einer Religion, die einfach verschwunden ist! Viele Menschen besuchen auch bei uns schon Kirchen und Klöster ohne seelische Erbauung. Sie schätzen nur den künstlerischen Wert! Es ist Zeit aufzubrechen!

Der Glaube an einen Gott

Wir befinden uns nun beim Gott des auserwählten Volkes, der **eifersüchtig** über die israelitischen Stämme wacht und darauf bedacht ist, dass nur er von seinem Volk verehrt wird. Es waren eben noch andere Götter vorhanden. Von Allmacht kann daher bei ihm keine Rede sein.

Beim Entstehen des Christentums waren nur die Angehörigen dieses Volkes beteiligt. Es ist natürlich, dass sie **ihren** Gott in die neue Lehre mitgenommen haben. Jesus ist der Sohn ihres Gottes, der von den Stämmen jedoch nicht als Messias anerkannt wurde.

Als die Wissenschaft sich mit der Evolution aller Lebensformen zu befassen begann, fand man den **Affen** als den natürlichen Vorgänger des Menschen. Jetzt krachte das schöne Gebäude von den gemeinsamen Ureltern zusammen! Nur für das auserwählte Volk blieb alles, wie es immer war: Gemeinsame Ureltern (Adam und Eva), gemeinsame Erbschuld durch ihre Ureltern, strenge von ihrem Gott auferlegte Regeln der Lebensführung, mit dem Auftrag, die Erde untertan zu machen. Ihr Gott hat **sie** auserwählt und nicht **U N S !!!**

Genau zu diesem Zeitpunkt hätten die Christen feststellen müssen, dass sie Jahrtausende den Gott eines bestimmten Volkes gedankenlos **usurpiert** hatten! Wir stammen also, wissenschaftlich bewiesen, vom Affen ab. Diese Erkenntnis muss Konsequenzen nach sich ziehen: Wir haben keine **Erbschuld**! Wir haben keine **Ureltern**, die sich gegen Gott versündigt haben! Wir haben keinen **Auftrag**, die Erde zu versklaven. Religiöse Machtmittel (Teufel, Hölle, Fegefeuer usw.), die die Gläubigen in Angst und Schrecken versetzt haben und noch immer ängstigen, wurden von den **Affen nicht erfunden!!!**

Wir sind frei!!!

Was für ein herrliches Gefühl! Wir haben den allmächtigen, all-umfassenden, alles durchdringenden **GOTT**, dessen Herrschaft bis in die fernsten Galaxien reicht!! Er gibt uns auf allen Gebieten völlig freie Hand. Er lässt die Katastrophen der Natur und die des Menschen problemlos zu! Er gibt den Mikrokosmos und den Makrokosmos zur freien Erforschung preis! Die Ethik scheint keinen Einfluss auf das Gesetz von Ursache und Wirkung zu haben. Der Mensch darf aufbauen und vernichten. Er darf die Erde, die Grundlage unseres Lebens, hegen oder zerstören. Es ist unsere **alleinige Verantwortung**, Menschen heranzubilden, die zur Ehre des Allmächtigen fähig sind, sich seiner Großzügigkeit als **wert** zu erweisen. **Freiheit ohne Verantwortung** bedeutet: **W i l l k ü r ! !**

Ich bin daher aus der Fremde daheim angekommen!!!

Jesus möge mir verzeihen. Ich will sein berühmtes Gebet für mich adaptieren:

Vater unser im Himmel,	Allmächtiger!
Geheiligt werde Dein Name.	Heilig ist Dein Name.
Dein Reich komme.	Dein Reich ist da!
Dein Wille geschehe,	Dein Wille geschieht!
Wie im Himmel so auf Erden.	Das tägliche Brot gib allen Menschen.
Unser tägliches Brot gib uns heute	Du vergibst uns unsere Schuld.
Und vergib uns unsere Schuld,	Du führst uns nicht in Versuchung.
Wie auch wir vergeben	Dein ist das Reich und die Kraft
unseren Schuldigern.	und
Und führe uns nicht in Versuchung,	die Herrlichkeit in Ewigkeit.
Sondern erlöse uns von dem Bösen.	Amen.
Denn dein ist das Reich und die Kraft	
und die Herrlichkeit in Ewigkeit.	
Amen.	

Erklärung: Gott ist allmächtig. Diese Allmacht verhindert seine örtliche Begrenzung. Heilig heißt, sein Name ist unbekannt. Die Allmacht verhindert sogar, dass er auf seinen Willen verzichten kann. Der Verzicht wäre auch Ausdruck seines Willens. Sein Wille ist daher allumfassend! Das tägliche Brot benötigen alle Menschen! Die Vergebung der Schuld kann nicht durch unsere traurige Fähigkeit des Vergebens eingegrenzt werden! Wir würden sehr schlecht dastehen. Eine Versuchung ist durch seine Allmacht unmöglich, da er den Ausgang kennt. Der Schluss ist eigentlich nicht notwendig, weil er unsere Bestätigung nicht braucht!

Natürlich hat Jesus das „Vater unser" richtig gelehrt. Er hat ja zu seinem Gott gebetet!

P.S.: Man denke nur an Abraham, der seine Liebe zu Gott durch die grausame Ermordung seines Sohnes beweisen sollte.

Die letzte Predigt

Die Menschen sind an seiner Kapelle über tausende von Jahren mit dem Auftrag vorbeigezogen:

Macht euch die Erde untertan!

Der Auftrag muss als übererfüllt gelten. Seine Predigten hatten große Angst ausgelöst. Sie handelten von Hölle, Teufel, Hexen, Fegefeuer und von dem ganz schmalen Pfad in den Himmel, den nur Auserlesene gehen dürfen. Der Weg an der Kapelle vorbei ist leer geworden. Die Natur war kein Thema und ist ausgestorben. Es herrscht Trostlosigkeit! Moderne Menschen konnten mit den Predigten nichts mehr anfangen. Sie haben die Grund- und Freiheitsrechte im Gepäck, die für alle Menschen gelten, um ein Leben in Freiheit und Verantwortung führen zu können!

Macht euch die Erde untertan!

Die Erde ist heute nicht untertan, sondern versklavt! Der Gott der Bibel sah die schrecklichen Auswirkungen seines Befehls nicht voraus! Fragen wir doch die Jugend, die „Fridays for Future" gegründet hat, ob sie diesen Befehl, der heute noch in der Bibel steht, befolgt oder ablehnt! Die Worte Gottes können nicht geändert werden! Sie sind in Stein gemeißelt!

Wenn ich an meine Jugend denke, beginne ich zu schwärmen. Der Krieg konnte die Natur nicht zerstören. Wir hatten Blumenwiesen mit Schmetterlingen und glänzenden Käfern. Wir konnten in sauberen Bächen Krebse und unerlaubt Fische fangen. Die Frauen schwemmten im klaren Wasser ihre Wäsche. Die Vögel zwitscherten und sorgten eifrig für ihre Brut usw. Heute ist in jedem kleinen Garten der „Englische Rasen", der jede Woche mit Lärm und Gestank der Mähtraktoren kurz gehalten wird. Die Sträucher müssen getrimmt dastehen. Jedes unerwünschte Blümchen wird radikal mit der chemischen Keule ausgerottet. Die Insekten sind verschwunden und mit ihnen die Vögel, weil sie ihre Nestlinge nicht mehr füttern können. Ja, auch der kleinste Fleck des Gartens ist uns untertan!

Gestern freute ich mich über zwei Schmetterlinge (Kohlweißlinge), die auf ihrem Hochzeitsflug waren. Sie wurden in meiner Jugend als Schädlinge verfolgt. Heute bereitet ihre Seltenheit große Freude!

Wir hatten alles und gingen zu Fuß! Die Elite hatte Fahrräder und die Bauern hatten ihre Pferdewagen. Diese Welt ist natürlich verloren und die höchst notwendigen Alternativen werden gesucht.

Jede Gemeinde hatte einen Pfarrer (Prediger). Heute werden Pfarreien zusammengelegt, weil viele Menschen weitergezogen sind. In Deutschland werden schon Kirchen verkauft, weil niemand für die Kosten der Erhaltung aufkommen will. Sie werden nun privat für alle möglichen Zwecke ausgebaut und genutzt.

Scheinbar hat nicht nur die Natur den Abgesang angestimmt!!!

Das Diesseits und das Jenseits sind eine Einheit!

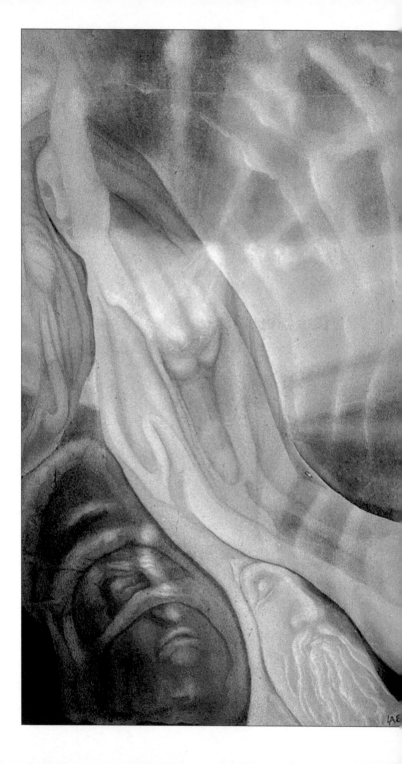

Der Fall der Göttinnen und Götter!

Der Mensch hat die Göttinnen und Götter hinauf **gedacht** und die Krieger haben sie verteidigt. Manche glauben auch an Raumfahrer, die den Menschen technisch weit überlegen waren. Sei es wie es sei! Auf dem Gebiet der Moral waren sie es nicht! So steht es in den Mythen.

Die Entleerung des Himmels, um zum Ein-Gott-Glauben zu kommen, wurde vom Christentum erfolgreich durchgeführt. Es war nun genügend Raum geschaffen, um ihn mit zig-tausend Heiligen zu füllen. Die Göttinnen und Götter konnten **direkt** helfen. Die Heiligen müssen bei Gott ein **gutes Wort** für die Bittenden einlegen! Die Korruption scheint bei diesem Gott auch eine Rolle zu spielen. Er hört halt besser, wenn die Bitte von einem Heiligen vorgetragen wird.

Es gibt einen alten Ausspruch: **„Hilf dir selbst, dann hilft dir Gott!" Jetzt sind wir beim Allmächtigen angekommen!**

Er gibt dir die Freiheit der Entscheidung. Er befreit dich jedoch nicht von der **Verantwortung**, die dein Tun immer bestimmen soll! Wir sind im wunderlosen, sachlichen, modernen Leben angekommen, dessen Bauplan aus den Grund- und Freiheitsrechten bestehen muss.

GOTT SEI DANK!

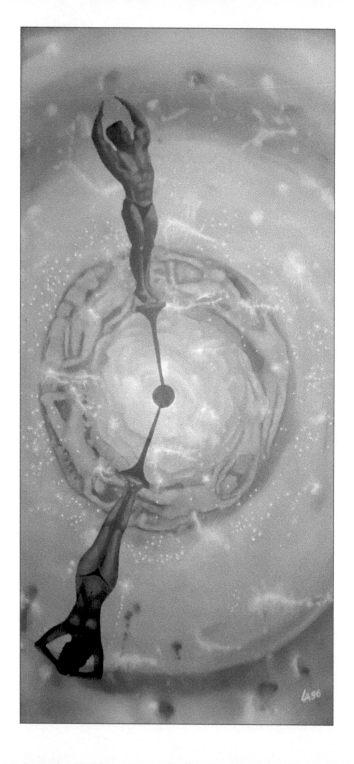

Zeit und Ewigkeit
Die himmlische Vollkommenheit

Mann und Frau sind an die Zeit im Diesseits gebunden. Ihre Zeit läuft unwiderruflich ab. Wissenschaftler arbeiten daran, reichen Leuten dieses Leben entsprechend zu verlängern. Die Unsterblichkeit ist das Ziel, das nie erreicht werden wird. Es ist die Angst vor dem Tod, dessen Hemd bekanntlich keine Taschen hat. Alte Kulturen lösten dieses Problem mit wertvollen Grabbeigaben. Es geht aber heute nur um das Diesseits, das mit aller Macht festgehalten werden will, weil man weiß, dass auch Beigaben im Jenseits wirkungslos sind. Auch reiche Leute werden sich bei der Ankunft fragen müssen: „Wie habe ich meinen Reichtum eingesetzt, um mein **Menschsein** zu verwirklichen?" Das schöne Leben allein genügt sicher nicht. Beim Bau des Vatikans konnte man durch finanzielle Beiträge die Zeit im Fegefeuer verkürzen oder sich gar den Himmel erkaufen. Diese Möglichkeit besteht auch nicht mehr. Die himmlische Rose steht allen Menschen offen, die das vorgegebene Ziel der **Menschlichkeit** erreicht haben. Der moderne aufgeklärte Mensch kennt seine **Verantwortung**, die er dem Schöpfungswerk Gottes schuldet.

N.B.: Die himmlische Rose kommt auch in der Literatur vor, wie ich nach Fertigstellung des Bildes erfreut feststellen konnte. Sie ist das Symbol der menschlichen Vollkommenheit!

Die geistig-seelische Entwicklung

1. Darstellung: Da der Mensch, wie wir von der Wissenschaft wissen, vom Affen abstammt, ist er ein fixer Bestandteil der Natur und keine spezielle Schöpfung eines Gottes. Er ist so stark mit der Tierwelt verwurzelt, dass er die Vorzüge der anderen Tiere genau kennt und glaubt, dass er diese durch Masken auch erwerben kann. Er sieht in der Tier- und Pflanzenwelt seine Lebensgrundlage. Die grünen Blätter der Pflanze sind aufrecht und stark! Das göttliche Gesetz von Ursache und Wirkung hat seine geistige Entwicklung ermöglicht. Für die unerklärlichen Phänomene der Natur erdachte er höhere Wesen (Götter und Göttinnen), die er mit Opfergaben zu besänftigen suchte.

2. Darstellung: Die gewonnenen Erkenntnisse konnte er an die nächste Generation weitergeben. Hier wurde der Affe zum Menschen! Jede Generation konnte auf den Erfahrungen und dem Wissen der Vorfahren aufbauen und legte so die Grundlagen für die Wissenschaften! Der Vogel Ibis war in Ägypten das Symbol der Wissenschaft, dessen Flügel auch den Urmenschen berühren. Die Brust des Wissenschaftlers zeigt das Universum. Die Natur beginnt durch den ständigen Eingriff des Menschen zu schwächeln. Die Blätter der Pflanze haben nicht mehr die ursprüngliche Kraft. Der Mensch hat die Natur und ihren Reichtum schamlos ausgebeutet.

3. Darstellung: Die Religionen haben sich oft den wissenschaftlichen Erkenntnissen mit ganzer Macht entgegen gestellt, weil ihr Glaube mit dem Fortschritt nicht mithalten konnte. Das konnte auf die Dauer nicht gut gehen. So bleibt für den Priester nur mehr der Himmel und die Hölle! Moderne Menschen können mit diesen alten Begriffen auch nichts mehr anfangen!

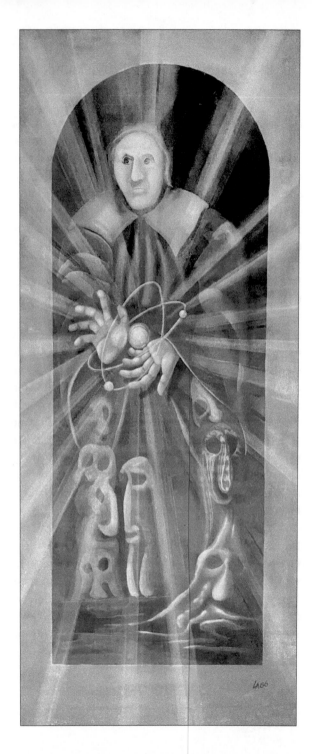

Wissenschaft und Moral

Der Mensch in seinem hemmungslosen Entdeckerdrang kommt immer öfter mit der Ethik in Konflikt. Die Länder sind jedoch sehr verschieden, wenn es um deren Auslegung geht. Die christliche Ethik spielt auch in christlichen Ländern eine sehr unterschiedliche Rolle. Die Entdeckung der ungeheuren Kraft des Atoms bescherte uns zuerst nicht ein gefährliches Kraftwerk, sondern die **Bombe**! Sie raffte eine ungeheure Anzahl von Menschen hinweg, die gar keine Krieger waren! Die Überlebenden wurden sofort untersucht, um die ärztlichen Erkenntnisse zu bereichern. Das Militär beobachtet immer alle wissenschaftlichen Arbeiten, um ihr Vernichtungspotenzial zu erhöhen.

Die gepriesene Sicherheit der Atomkraftwerke hat durch die schrecklichen Unfälle in Tschernobyl, Harrisburg und Fukushima eine gewaltige Schlagseite bekommen. Die Wissenschaft forscht weiter. Die Wirtschaft bedient sich auch und hat keine moralischen Bedenken, den Gewinn zu maximieren. Es gibt ja die bekannte Rückversicherung: Gewinne werden privatisiert und Verluste werden solidarisiert!

Das Bild zeigt den Wissenschaftler, wie ihm bei seinen Entdeckungen auch die gefährlichen Auswirkungen aus den Ärmeln rutschen, vor denen sich die Menschen fürchten!

Es gibt nur ein Gebot: **Die Verantwortung!**

Die befreite Frau

Was für ein Glück ist es doch, unsere Frauen frei in allen möglichen Tätigkeiten zu sehen, die nur Männern vorbehalten waren? Es ist aber auch den aufgeklärten Männern zu verdanken, die die gesetzlichen Voraussetzungen für die Befreiung schufen. Die christliche Religion war im Laufe ihrer langen Geschichte eine wahre Katastrophe für den weiblichen Teil der Gläubigen. Tausende wurden über Jahrhunderte als Hexen grausam gefoltert und lebend verbrannt, um dem Teufel seine Beute zu entreißen. Auch heute hat sie in der Institution Kirche immer noch ganz schlechte Karten. Sie wird nur mehr oder minder als Hilfskraft geduldet.

Die Demokratie ist für den hierarchischen Aufbau der Kirche eine Katastrophe. Die Systeme passen nicht mehr zusammen. Das Ergebnis dieser Entwicklung ist bereits vorauszusehen.

Eine gesellschaftlich befreite Frau muss sich aber auch **seelisch** befreien. Sie muss alles hinterfragen, was ihr im Laufe des religiösen Lebens vermittelt wurde und ihr Gewissen belastet. **Sie ist für ihr Tun nun voll verantwortlich!** Denken wir nur an eine kirchliche Hochzeit, in der sich die Brautleute bis zum Ende ihres Lebens die Treue schwören. „Was Gott verbunden hat, darf der Mensch nicht trennen!" Der Priester und das Brautpaar wissen jedoch, dass heute das Leben in Abschnitten gesehen wird und die Scheidung immer als Möglichkeit offen steht. Machen wir uns doch nichts vor! Der moderne Mensch braucht die Klarheit und die Wahrheit. Nur darauf kann man ein vernünftiges Leben aufbauen.

Bild: So steht heute stolz und nackt **unsere Frau** mit beiden Beinen fest auf unserer Erde, die ihr die hervorragendste Aufgabe, Mutter zu sein, zugewiesen hat! Eine große Zahl von Frauen, geknechtet von Religionen, wartet noch auf ihre Befreiung! Die Grund- und Freiheitsrechte müssen endlich für alle Menschen umgesetzt werden.

N.B.: Die grüne Farbe verbindet alle Frauen der Welt mit der Mutter Erde!

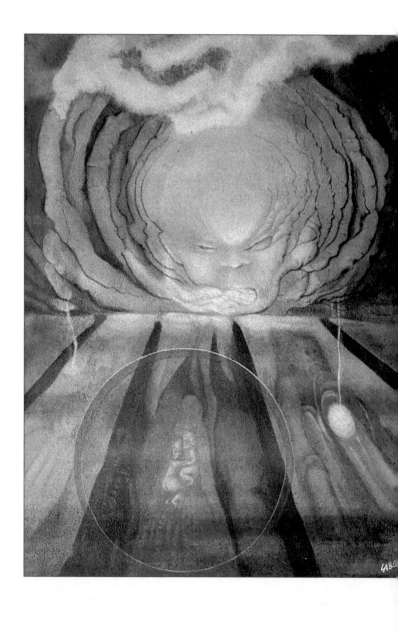

Das göttliche Perpetuum Mobile

Leben! Das unfassbare Wunder!

Ununterbrochen dreht sich das göttliche Rad des Werdens und Vergehens! Es ist der Wechsel vom Diesseits zum Jenseits und umgekehrt! Dieser Vorgang erfasst die gesamte beseelte Natur. Die Menschen im Vergrößerungsglas erleben die **Todesangst** und wissen nicht, dass das Leben der **Funke** des **Allmächtigen** ist, das dadurch nie in Gefahr kommen kann! Wenn zwei Menschen sich wirklich von Herzen lieben, bleibt ihre Verbindung auch über diese Grenze vom Diesseits zum Jenseits bestehen! Sie fühlen auch weiterhin die Nähe ihrer geliebten Seele!

Man kann mit Recht sagen: „Die Liebe tötet den Tod!"

Die vier Reiter der Apokalypse

Alle haben es gehört, als die erste privat gebaute Rakete zwei Astronauten zur Raumkapsel ISS brachte! Der anwesende Präsident des großen Landes rief begeistert aus: „Wir bekommen nun die mächtigsten Waffen der Welt!" Auch China wird verdächtigt die Corona-Pandemie durch ein Versehen bei der Produktion von Bio-Waffen ausgelöst zu haben.

Das christliche Land hatte im 2. Weltkrieg keine Hemmungen, mit 2 Atombomben auf die Zivilbevölkerung des Gegners den Krieg zu beenden! Der katastrophale und begeisterte Ausruf des Präsidenten ist daher kein Spaß, sondern ganz bitterer Ernst für den größten Teil der Menschheit!

Die Apokalypse hat mit Gott nichts zu tun. Es ist die entsetzliche Tat des Menschen gegen die Menschen. Nachdem die USA die Bomben ohne größere Probleme verkraftet haben, wird ihnen die Bibel, mit der sich der Präsident gerne zeigt, auch bei der Apokalypse helfen. Das ganze Land hat **Jesus** ständig im Mund, wenn in riesigen Sälen ihre unglaublich reichen Prediger alles Glück im Namen Jesu versprechen! Stundenlang wird Jesus gerufen und die Prediger vergrößern dabei ihren Reichtum ins Uferlose. Sie liefern mit ihrem Reichtum gleichzeitig den Beweis, dass Jesus ihnen auch die modernsten Privatflugzeuge genehmigt hat, die sie auf ihren großen Ländereien betreiben. Da sie ihr ganzes Vermögen zur religiösen Betreuung ihrer Anhänger benötigen, brauchen sie auch keine Steuern zahlen!

Bei jeder Wahl gibt es Zusatzfragen zu beantworten. Eine Frage in den siebziger Jahren lautete: „Finden Sie es richtig, dass reiche Leute mehr Steuern zahlen sollen?" Diese Frage erhielt eine eindeutige Ablehnung! Ich hatte eine andere Antwort erwartet und wurde schnell mit den Worten „Wenn ich einmal reich bin, werde ich sicher keine höheren Steuern zahlen wollen!" aufgeklärt!

Die apokalyptischen Reiter werden also nicht von Gott geschickt, auch wenn die sieben Siegel von der Schriftrolle fliegen, sondern von verantwortungslosen Menschen!

Der Mensch hätte nie den Faustkeil erfinden dürfen!!

Weltreligionen

Jede Religion predigt den Frieden! Leider hat jede auch ihren eigenen Gott, und zwar den richtigen! Alle anderen Menschen sind Ungläubige und müssen entweder missioniert oder umgebracht werden. Die friedliebenden Religionen werden zu mordenden Horden, wenn sie auf die Konkurrenz treffen. Die Geschichtsbücher sind voll von ihren Untaten. Treten Abspaltungen auf, kommt die alte Grausamkeit wieder zum Vorschein. Vor ein paar Tagen hat in Bagdad ein sunitischer Taxifahrer einem schiitischen Knaben neben seiner Mutter mit einer Glasscherbe den Kopf abgeschnitten! Er glaubt, dass er für diese Tat von seinem Gott belohnt werden wird! Der Westen unter der Führung des großen Bruders beschäftigt auch keine Engel des Friedens. Auch in ihren Reihen spielt die Religion eine sehr große Rolle! Wann gelingt es endlich, die von der UNO für die ganze Welt verabschiedeten **Grund- und Freiheitsrechte** in die Gehirne der Menschen einzumeißeln?! Es ist doch völlig egal, was jemand glaubt. Natürlich ist auch unser Mittelalter immer noch fühlbar, wenn man in die Runde blickt. Es ist höchste Zeit aufzubrechen! Das gilt für alle Menschen in diesem großen Dorf!

Der Bildausschnitt zeigt eine verzweifelte Frau, die in der totalen Vernichtung noch das **Leben** retten will! Die Religionen wachsen aus dem kargen Boden und erfassen auf diese Weise die große Masse der Menschen, die immer im Lebenskampf stehen! Sie erwarten mit Zuversicht die Hilfe von **oben**, die ihnen bei demütigem Verhalten von den Priestern versprochen wird.

Die Anklägerin

Bei allen kriegerischen Auseinandersetzungen gehört die Mehrheit der Frauen zu den Opfern der gegnerischen Männer. Ihre Welt ist das Kriegsbeil nicht. Sie ist von Natur aus dem Leben verpflichtet! Sie will das Leben, das plötzlich keinen Wert mehr hat und großzügig vernichtet wird, erhalten! Ihre Stimme wird nicht gehört! Sie hat zu ertragen. Sie ist bis heute ein wesentlicher Teil der Kriegsbeute des Siegers mit all den schrecklichen Folgen! Ihre Liebe zum Frieden ist den Männern weit voraus. Nur die Grund- und Freiheitsrechte können das Unheil verhindern. Frauen und Kinder bedürfen des besonderen Schutzes! Frau in Uniform ist eine Übersteigerung der Gleichberechtigung! Die Natur hat sie dafür nicht vorgesehen!

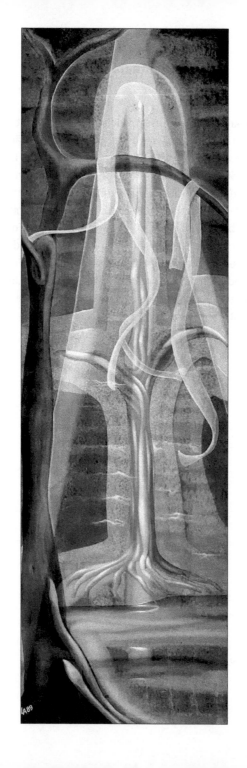

Weltreligionen

Christentum

Islam

(Judentum)

Warten seit ihrem Anbeginn auf den

Messias

Das Warten auf ihn hat sich nicht gelohnt. Er ist einfach nicht gekommen. Viele Leute können es noch immer nicht glauben, obwohl er im Laufe der Geschichte viele Termine verpasst hat. Schon seine Jünger glaubten an seine baldige Wiederkunft. Nach zweitausend Jahren ist der Groschen noch immer nicht gefallen! Der Messias kommt nicht! Das Warten ist endgültig vorbei! Er wird nicht auf einem Schimmel vom Himmel herunter reiten und die Welt retten. Er wird auch nicht von Jerusalem aus die Welt für lange Zeit regieren. Die Toten werden nicht von den Gräbern auferstehen, weil sie dort sicher nicht zu finden sind.

Das Bild zeigt die Erde, wenn der Mensch glaubt, sie durch ein Wunder (Messias) retten zu können. Tote Schlangen. Vom toten Baum wehen Schleifen, die bei einiger Fantasie das Christussymbol IHS erkennen lassen. Wer die Erde retten muss, das sind wir!!!

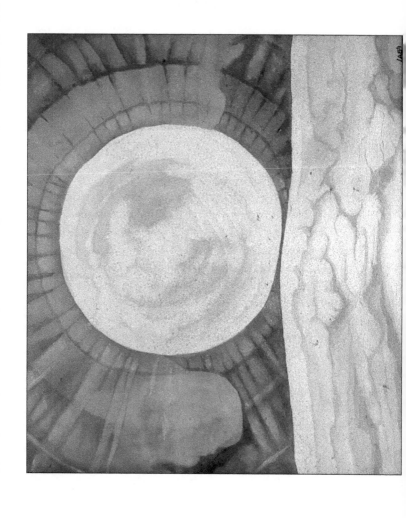

Die **neue** Heimat!

Wo sind die jungfräulichen Planeten, die auf unsere Ausbeutung warten? Die Erde ist ausgebeutet und kann die große Masse der Menschen nicht mehr ernähren. Ein Drittel der Menschheit muss sterben, sagte ein verehrter amerikanischer Politiker. Es werden sicher Pandemien aus diesem Grund herzlich begrüßt!

Die Eliten sind vom Fortschritt in der Raketentechnik begeistert, da sie die Möglichkeit der Flucht von dieser überbevölkerten Erde bietet.

Es müssen nur komfortablere, sichere Raumschiffe gebaut werden. Die Astronomen durchforsten mit riesigen Teleskopen Tag und Nacht das Universum! Sie berichten, dass es in unserer Galaxie, der Milchstraße, unglaublich viele Planeten gibt, die auf Ausbeutung warten! Warum sollten wir es nicht schaffen? Die Ufos haben es ja auch bis zu uns geschafft!

Ich wünsche unseren Eliten eine gute Reise, denn sie gehen mir nicht ab! Mit ihnen werden die Kriege verschwinden und die **Grund- und Freiheitsrechte** zur vollen Wirkung kommen. Die **Sozialversicherung** muss **weltweit** eingeführt werden, um die Großfamilien auf zwei Kinder beschränken zu können! Das **Bildungssystem** muss allen Menschen **verpflichtend** offen stehen! Die **Demokratie** muss zur einzig erlaubten Staatsform erklärt werden. Die **UNO** muss ein Gremium **gleichberechtigter** Staaten werden, das friedliche **Mehrheitsbeschlüsse** zum Wohle der ganzen Menschheit verabschiedet. Alle Kriegsgeräte und Bomben werden verboten und vernichtet!

Wir werden unsere herrliche Heimat, den blauen Planeten, mit Vernunft und **Verantwortung** zurückerobern! **„Fridays for Future"** ist ein Beginn!

Meditation

Die Meditation ist das außerordentliche Mittel, um die Nähe des Jenseits zu spüren. Es hilft, das Diesseits mit Lebensfreude zu füllen und die Einheit der beiden Welten angstfrei zu erleben. Allein das ist das Ziel meiner Meditation!

Nachwort

Es wäre für Theologen aller Religionen die herrlichste Aufgabe, sich zusammen zu finden, um vorurteilslos ihre Glaubensinhalte zu vergleichen, die allgemeine Gültigkeit erlangen können. Wie oft hört man den verzweifelten Ausspruch: „Wenn ich wieder auf die Welt komme, werde ich …!"

Dieser Ausspruch wird von allen Menschen – auch von Christen! – problemlos akzeptiert, obwohl er ein Glaubensgrundsatz des Buddhismus ist. Leute, die behaupten, schon einmal auf der Welt gewesen zu sein, konnten ihre damalige Wirkungsstätte beschreiben und wieder finden. Solches Wiederauffinden wurde schon im Fernsehen dargestellt. Diese streitlose, ehrliche Diskussion kann zu einer allgemein anerkannten Weltreligion führen, die alle religiös durchsetzten Kriege verhindert. Das friedliche Zusammenleben wäre mit einem Schlag erreicht. Man könnte von einer echten **Erlösung** sprechen! Unendlich viele Menschen würden erleichtert mit den Worten: **„Gott sei Dank, das Chaos und der Hass sind vorbei!"** Sie dürfen natürlich raten, von welchem Gott ich spreche. Wir dürfen alle guten Eigenschaften in höchster Vollendung auf dieses allumfassende, alldurchdringende Wesen projizieren und uns in seiner unendlichen Güte einhüllen. Das einzige Gebot heißt: **Lernen und Verantwortung** übernehmen, um die höchste Stufe des menschlichen Seins zu erreichen. Werfen wir doch all den aus uralter Zeit aufgestauten Krempel (Hölle, Teufel, Fegefeuer, Sünden usw.) ins Feuer des Vergessens, der so vielen Menschen Angst und Schrecken in bösester Form verursacht hat! Ich spreche nicht vom Vater. Ich spreche vom allerhöchsten **Wesen**, das auch uns in allen Fasern durchdringt. Machen wir uns frei und gehen wir auf die höchst zufriedenstellende Entdeckungsreise in **uns selbst.**

Ich darf hier aber mein Vorwort wiederholen:

Ich bin kein Theologe. Ich bin kein Missionar. Ich bin kein Medium (Seher). Ich berichte nur von meinen persönlichen Erfahrungen, die als einfache Erzählung aufgefasst werden mögen. Dass ich mir in diesem Spannungsfeld zwischen Religion und meinen Erlebnissen Gedanken mache, sei mir unbenommen.

Wir leben, Gott sei Dank, in einer Zeit, in der die Glaubens- und Gewissensfreiheit alle schützt, die es wagen, das stark eingegrenzte Feld der Religionen zu verlassen. So kann ich frei von meinen Erlebnissen berichten, die mich auf natürliche Weise zu meinem

Wundervollen Glauben

geführt haben.
Ludwig Aquarius

Bewerten Sie dieses Buch auf unserer Homepage!

Der Verlag

Wer aufhört
besser zu werden,
hat aufgehört
gut zu sein!

Basierend auf diesem Motto ist es dem novum Verlag ein Anliegen neue Manuskripte aufzuspüren, zu veröffentlichen und deren Autoren langfristig zu fördern. Mittlerweile gilt der 1997 gegründete und mehrfach prämierte Verlag als Spezialist für Neuautoren in Deutschland, Österreich und der Schweiz.

Für jedes neue Manuskript wird innerhalb weniger Wochen eine kostenfreie, unverbindliche Lektorats-Prüfung erstellt.

Weitere Informationen zum Verlag und seinen Büchern finden Sie im Internet unter:

w w w . n o v u m v e r l a g . c o m